A LA MÉMOIRE

DE MONSIEUR L'ABBÉ

EUGÈNE-AUGUSTE MOREL

AUMONIER

DU LYCÉE DE CAEN

CHANOINE HONORAIRE DE LUÇON

BAYEUX
IMPRIMERIE TYPOGRAPHIQUE DE O. PAYAN
27, rue Saint-Jean, 27

1884

†

A LA MÉMOIRE

DE MONSIEUR L'ABBÉ

EUGÈNE-AUGUSTE MOREL

AUMONIER

DU LYCÉE DE CAEN

CHANOINE HONORAIRE DE LUÇON

BAYEUX

IMPRIMERIE TYPOGRAPHIQUE DE O. PAYAN

27, rue Saint-Jean, 27

—

1884

†

A LA MÉMOIRE

DE MONSIEUR L'ABBÉ

EUGÈNE-AUGUSTE MOREL

AUMONIER DU LYCÉE DE CAEN

CHANOINE HONORAIRE DE LUÇON

Hic est fratrum amator et populi (1).

Le diocèse de Bayeux vient de perdre un prêtre qui fut chéri de Dieu et des hommes, parce qu'il fut lui-même « *l'ami de ses frères et du peuple de Dieu.* » Monsieur l'abbé Morel n'est plus : la mort l'a saisi dans la pleine vigueur de son talent comme de son âge. Il était mûr pour le ciel.

La *Semaine Religieuse* a envoyé à tous les échos les titres, les talents, les vertus de notre cher défunt. Le

(1) 2 Macc. XV, 14.

Moniteur du Calvados a mêlé au récit des funérailles du bon aumônier les protestations les plus touchantes d'estime et de regrets. Les journaux du département ont annoncé, dans les termes les plus respectueux, la triste nouvelle ; tous ont compris la perte que venaient de faire le diocèse de Bayeux et le Lycée de Caen.

Je voudrais, moi aussi, payer à cette chère mémoire mon tribut de louanges. Essaierai-je d'esquisser une biographie? Je confierai tout au moins à ce papier, déjà trempé de mes larmes, mes bons et consolants souvenirs.

J'écris pour ceux qui furent avec moi les amis de Monsieur Morel. Je tresse pour lui une couronne de toutes les fleurs dont ensemble nous avons couvert sa dépouille au triste jour du trois novembre. Il y a des fleurs qui se fanent; celles-là seront toujours exubérantes de vie ; toujours elles exhaleront le parfum suave d'une belle intelligence et d'un excellent cœur.

O mon cher ami, c'est une grande consolation pour moi que d'avoir à parler de vous. Je ne puis parler de vous sans vous. Pendant quelques heures encore, vous serez tout vivant pour moi ; je sentirai encore une fois dans ma main la douce chaleur de la vôtre ; il me sera donné encore d'entendre votre franche et cordiale parole ; nous nous dirons l'un à l'autre comme autrefois : la mort elle-même ne sera pas capable de nous séparer.

Monsieur l'abbé Eugène-Auguste Morel naquit à Saint-Pierre-la-Vieille, le 2 avril 1839, d'une bonne et honorable famille.

Son père est encore de ce monde. Belle vieillesse que la sienne, mais ne faut-il pas craindre que le chagrin ne brise en peu de temps sa robuste constitution ? Le Lycée de Caen sera toujours cher à son cœur, mais son fils n'y est plus ! Il ne soupirera plus après l'époque bienheureuse des vacances où lui arrivait, brillant d'activité, de talent et d'espérance, l'aimable aumônier, sa joie et sa gloire. Le fils est venu encore à son père il y a quelques semaines ; cette fois, c'était pour mourir. Père, nous vous plaignons de tout notre cœur et nous prions pour vous. Une douleur pareille à la vôtre ne peut être adoucie que par Dieu.

Madame Morel est morte depuis longtemps déjà. Femme d'une intelligence remarquable, elle présida à la première éducation de son enfant. Elle l'aima passionnément. Elle le voulait prêtre et avait, je m'en souviens, le pressentiment de sa belle destinée. Si l'abbé Morel aima sa mère, ah ! qui pourrait me le demander ? Il faudrait n'avoir rien connu de son cœur. Il l'aima d'une incomparable tendresse ; il ne s'est jamais consolé de l'avoir perdue, si ce n'est, il me l'a dit plus d'une fois, en recommandant chaque jour son âme au Saint-Sacrifice de la Messe. Ceci me remet en mémoire une parole de Monseigneur Dupanloup: « La valeur des hommes est en proportion du respect « qu'ils ont pour leur mère. »

Il y a, à Saint-Pierre-la-Vieille, un pasteur selon le cœur de Dieu. Monsieur Revel gouverne cette paroisse depuis quarante-deux ans. Homme de savoir, de dévouement, de désintéressement sans limites, laborieux et dur aux fatigues, il a vieilli dans ce village, en y faisant du bien tous les jours de sa vie. Salut à ce bon prêtre ! Il sut jadis séparer de la foule l'intelligent écolier ; il soigna avec amour la fleur qui venait d'éclore ; il la fit passer ses premiers jours tout auprès de son cœur, à l'abri des souffles qui dessèchent. Si, sous d'autres cieux, plus tard, elle s'est pleinement épanouie, ce n'est pas qu'on l'ait aimée davantage. C'est à lui tout d'abord que l'Église a dû son bon prêtre, le lycée son cher aumônier, nous tous, notre fidèle ami.

L'abbé Morel apprit de Monsieur l'abbé Revel cette divine Religion dont il est devenu l'apôtre éloquent et infatigable ; il fit au village sa première communion et commença aussitôt après l'étude de la grammaire latine.

Dieu lui parle déjà comme il parlait jadis au pied de l'Horeb au conducteur de son peuple : « *Esto paratus* « *mane ut ascendas in montem ; stabisque mecum super*

« *verticem montis* (1). » Et, dès le matin de sa vie, nous le voyons qui commence à gravir la montagne. Suivons-le pendant tous les beaux jours de sa riante jeunesse ; il marchera à grands pas ; il n'aura qu'un désir : arriver aux sommets radieux où Dieu l'appelle, où Dieu lui a promis de le garder toujours.

Voilà le jeune Morel devenu élève du petit séminaire de Villiers-le-Sec, ce grand établissement où préside aujourd'hui le Révérend Père Lemonnier, enfant comme lui de Saint-Pierre-la-Vieille et son intime ami. Il y travaillera quelquefois avec la légèreté et l'inconstance du premier âge, mais Dieu lui a donné une si belle intelligence ! Il sera toujours bon élève et ne rentrera jamais au village sans rapporter quelques lauriers. Il ira achever ses humanités au pensionnat ecclésiastique de Vire. Vous verrez que bientôt il ne travaillera plus pour un prix ou pour un accessit. Quand il aura une fois goûté les beautés de Virgile, d'Homère, de Cicéron, il apprendra d'enthousiasme toutes leurs plus belles pages ; il vous les récitera avec une correction parfaite et vous en donnera l'explication la plus nette qui se puisse imaginer. On peut le dire, il montra dès sa Rhétorique une véritable ardeur à pénétrer les secrets de la grande littéra-

(1) Exod. XXXIV, 2.

ture et, s'il n'avait pas encore acquis, quand il en sortit, les connaissances aussi approfondies que variées qui ont fait depuis le charme de sa conversation, il avait au moins déjà contracté, avec les puissants génies de l'antiquité et des temps modernes, l'alliance qu'il fallait pour sa belle nature. Dieu lui donnera de resserrer encore d'année en année cette douce et agréable alliance, et ainsi le tiendra prêt, au jour marqué dans ses desseins, pour la société d'élite au milieu de laquelle il passera treize ans et achèvera sa vie.

Il y avait à Vire à cette époque une phalange d'élèves aux talents remarquables, avides de science, ardents au travail et riches d'avenir. Ils furent tous et ils ont été jusqu'à la fin les amis de notre cher défunt. Pour ne citer qu'un nom : Monsieur Gasté, ancien professeur de rhétorique au Lycée de Caen, aujourd'hui professeur à la faculté des lettres, assistait avec nous aux funérailles. C'est lui qui a eu le dernier mot dans cette lugubre matinée ; il a dit à son condisciple l'un des plus déchirants adieux qui se puissent entendre jamais. Quel cœur ! Et comme l'abbé Morel a dû en avoir, lui aussi, du cœur, pour mériter une si belle et si durable affection !

Pas une fois il ne fut dit à notre ami, pendant les années du petit séminaire, qu'il fût destiné à l'état ecclésiastique. Le sacerdoce a toujours été essentiellement libre. Aucune influence humaine ne doit peser jamais sur la conscience du jeune homme dans une affaire de si haute importance ; il faut qu'elle soit réglée entre Dieu et lui. L'abbé Morel, tous le reconnaîtront, n'avait pas à s'inquiéter de son avenir: la magistrature, le professorat, l'armée, la marine l'eussent reçu, et partout il eût réussi à se faire une belle situation. Fidèle au vœu de sa tendre mère, et tout ensemble dans la pleine liberté de sa vingtième année, il se décida pour le saint ministère des autels. Il aurait dit volontiers dès ce moment-là comme saint Jean-Chrysostome: « *Ne me parlez ni de trône, ni de diadème; la digni-* « *té du prêtre catholique me paraît supérieure à toutes* « *les dignités de ce monde.— Non mihi narres purpuram* « *neque diadema : major est enim et mirabilior sacerdo-* « *tii principatus* (1). »

Il s'était déjà, selon le conseil de l'apôtre, revêtu de Jésus-Christ. Il était pieux. L'amour du bon Dieu avait grandi dans son cœur à mesure qu'il l'avait connu davantage. Il servait Dieu, non pas pour plaire aux hommes, mais pour plaire à Dieu lui-même et pour sanctifier son âme. Il allait à Notre-Seigneur chaque jour franchement, le cœur sur la main, et lui disait : « Seigneur, faites de moi ce que vous voudrez. » Je cite ici ses propres paroles. Ses prières étaient ferventes ; il se confessait régulière-

(1) *De Sacerd.*

ment; il communiait souvent. Il était particulièrement dévot à la Reine du ciel. Ses espérances d'avenir, il l'a dit plus d'une fois dans les confidences de l'amitié, il ne manquait pas un jour de les mettre sous la garde de Marie. La Très-Sainte Vierge en fut la fidèle gardienne. Voici venir le temps où elles se réaliseront.

Cher ami, vous avez gravi les sentiers les plus abrupts de la montagne; ce n'est plus le premier matin « *esto pa-* « *ratus manè* », vous avait dit le Seigneur; le soleil commence à monter haut dans les cieux; prenez courage, « *ut ascendas* »; la route se fera de plus en plus facile; Dieu vous attend au sommet; il tient prête la couronne qui ceindra votre front, « *stabisque mecum super verticem montis.* »

Ce fut pour le jeune rhétoricien un jour de larmes que celui où il dut quitter le séminaire de Vire. Il s'éloignait de maîtres vénérés; quelques-uns de ses condisciples les plus aimés ne se décidaient pas pour le sanctuaire; la séparation était dure à son cœur. De cordiales poignées de main furent échangées. Ces amitiés-là, nous l'avons vu, devaient survivre à la mort elle-même.

Notre séminaire de philosophie avait alors pour supérieur Monsieur Noget-Lacoudre, prêtre érudit entre tous, qui vint à Bayeux user ce qui lui restait de forces dans les rudes labeurs de l'Administration diocésaine. Le premier de ses collaborateurs était Monsieur l'abbé Lecoq. Absolument dévoué à l'éducation de la jeunesse cléricale, ce prêtre éminent a passé dix-huit ans à Sommervieu et eût désiré d'y rester toujours. La divine Providence le destinait à prendre rang parmi les Pontifes. Monseigneur Lecoq est aujourd'hui évêque de Nantes.

C'est à des hommes de valeur que l'Eglise confie toujours l'éducation de ses enfants. Elle ne connaît ni poste plus élevé ni plus sainte fonction.

Monsieur Noget-Lacoudre se fut bientôt attaché à notre jeune ami. Il aimait sa physionomie ouverte, son regard pétillant d'intelligence, sa parole facile, sa gaieté, son entrain ; il le savait d'ailleurs déjà solidement chrétien et il comptait bien que sur une si belle nature se grefferait un prêtre d'élite.

L'abbé Morel toutefois se sentit plus particulièrement attiré vers Monsieur Lecoq. Ce fut une des grandes bénédictions de sa vie. Il eut bientôt ressenti pour le confident de son âme une estime profonde. Le saint prêtre, attiré lui-même par ce jeune homme distingué, franc, aimable, épancha sur lui tous les trésors de son cœur. Quand l'abbé Morel se sut aimé, il sentit circuler dans tout son être comme une vie nouvelle. Il lui fallait cette chaude atmosphère d'une amitié sainte et vénérable. Il y fit dans la piété les plus admirables progrès ; il y décupla sa force morale ; son intelligence y reçut des lumières nouvelles, « *exsulta-* « *vit.... ad currendam viam* (1). » Le rhétoricien d'hier, à l'imagination vive et quelquefois vagabonde, se laissa resserrer, sans se plaindre, dans l'étude du froid syllogisme. Il avait redouté l'aridité prétendue de la philosophie ; son esprit cependant se façonnait à merveille aux démonstrations les plus abstraites. Il prenait feu dans les controverses hebdomadaires et toutes pacifiques du séminaire, pour la défense de sa thèse, comme il avait pris feu jadis pour quelques beaux vers de Virgile ou pour quelque éloquente page de Bossuet ou de Fénelon. L'histoire de la philosophie, enseignée par Monsieur l'abbé Lecoq lui-même aux élèves de seconde année, correspondit mieux encore à ses aptitudes. Il avait à côté de lui de vaillants lutteurs ; il se tint toujours aux premiers rangs de sa classe et, vainqueur ou vaincu, fut tenu en haute estime par tous ses condisciples.

Quand l'heure fut venue pour notre ami d'entrer au grand séminaire de Bayeux, le sage directeur avait une opinion faite sur son élève. Deux années entières, il l'avait tenu près de son cœur. Il le connaissait à fond. Il lui dit : Ne vous arrêtez pas « *ut ascendas* », vous approchez du terme ; vous arriverez bientôt. Il le bénit et lui promit de l'aimer toujours.

(1) Ps. XVIII, 6.

La joie surabondait au cœur du pieux lévite ; il avait atteint sa dernière étape ; trois années encore et le grand et divin sacerdoce, objet de ses vœux ! Au grand séminaire l'attendaient les maîtres à qui revient l'honneur et la lourde responsabilité d'ouvrir définitivement aux jeunes hommes la porte du sanctuaire. Il fit, sous leur direction, de fortes études théologiques. Il travailla plus que jamais par devoir ; il sentait bien qu'il lui fallait s'armer de toutes pièces pour les combats où, soldat de Jésus-Christ, il aurait à défendre, contre gens aussi acharnés que de mauvaise foi, sa Religion sainte ; mais il travailla aussi par goût et avec un indicible amour. Il approfondissait avec le plus chaud intérêt les grandes preuves sur lesquelles repose tout l'enseignement religieux, ne laissant passer aucune objection sans réponse. La divinité de Notre Seigneur lui apparaissait de plus en plus manifeste, à mesure qu'il l'étudiait plus attentivement. C'étaient à tout instant des révélations nouvelles, nouvelles et pures jouissances ; sans cesse se chantaient à son cœur les plus suaves cantiques à la gloire du Sauveur Jésus. Sa foi ne pouvait plus grandir ; elle se fortifiait. Il fit plus d'une fois à notre Père Bachot, de douce et pieuse mémoire, la confidence de ses joies intimes; il m'a raconté à moi-même depuis ce qu'il appelait la transformation produite en son âme, déjà pourtant profondément chrétienne, par l'étude de la théologie. A ces heures bénies où quelque vérité nouvellement mise à l'étude se montrait à lui dans une indiscutable lumière, il s'en allait, ravi, se cacher en un coin de la chapelle pour adorer, prier et remercier.

Un des condisciples de mon ami m'a écrit : « Au grand « séminaire, la tenue de l'abbé Morel fut très-grave, très- « digne. L'esprit de foi pénétrait de plus en plus toute sa « vie. Il était d'un commerce sûr et de rapports agréa- « bles. Nos maîtres le tenaient en estime ; ses condisci- « ples l'aimaient et le recherchaient. Il parlait déjà avec « une grande facilité. Je me souviens d'un discours donné « par lui en classe d'éloquence et qui lui valut d'unanimes « suffrages. »

Vint enfin le grand jour où il lui fut donné d'atteindre le sommet, si ardemment désiré, de la sainte montagne. Le Seigneur lui avait dit : « *stabisque mecum super ver-* « *ticem montis* (1). » C'était tout près du Ciel.

Ordonné prêtre en 1862, l'abbé Morel fut nommé vicaire de la belle et importante paroisse de Lion-sur-Mer. Il n'y passa que peu de temps, assez cependant pour y gagner beaucoup de sympathies. Envoyé à Lisieux, auprès du vénérable Monsieur Jardin, curé de Saint-Jacques, il s'occupa de l'organisation du chant paroissial et ce ne fut pas sans succès. Ses auditeurs jugèrent dès ce moment que le jeune

(1) Exod. xxxiv, 2.

vicaire prendrait rang parmi les bons prédicateurs; ses sermons étaient goûtés toujours; on l'admira quelquefois, très-particulièrement en un saint jour de Pâques, à Saint-Pierre de Lisieux; son discours sur la Résurrection du Sauveur fit une profonde impression et a laissé dans plus d'une âme un ineffaçable souvenir.

Monsieur Lecoq, le directeur bien-aimé de Sommervieu, était devenu curé de Saint-Jean de Caen. Il désira associer à son ministère le jeune et brillant abbé. Monsieur le curé de Saint-Jacques de Lisieux mit tout en œuvre pour conserver à sa paroisse un vicaire qu'il aimait, dont il appréciait fort le talent et le zèle. On s'attrista à Saint-Jacques; on fut heureux à Saint-Jean. La paroisse Saint-Jean allait bientôt pleurer à son tour. Le digne Monsieur Jardin descendait peu de temps après dans la tombe et, singulier retour des choses d'ici-bas! c'était de Saint-Jean de Caen que venait à Saint-Jacques de Lisieux, le prêtre qui devait être l'héritier de sa charge et continuer ses œuvres et ses vertus.

En cette magnifique paroisse de Saint-Jean, Monsieur Morel fut, à l'exemple de son curé, l'homme de Dieu et des âmes. Il se retrouvait au foyer d'inexprimable tendresse où, jeune clerc, il avait pris l'amour du sacrifice. Il se mit à l'œuvre, le travail ne lui manqua jamais; jamais non plus, il ne manqua au travail. Catéchiste, il se montra admirable de zèle, et tout à la fois de fermeté et de mansuétude ; au confessionnal, les fidèles trouvèrent en lui un directeur expérimenté, un père au cœur éminemment tendre et compatissant ; la chaire continua à lui donner de brillants et solides succès. Il visita avec amour les malades, entre lesquels les préférés pour lui furent toujours les pauvres. Il fut tout à tous. Que de fois il demanda à la nuit le temps qu'il fallait pour le bréviaire, le chapelet, les études indispensables « *nocte ac* « *die operantes* (1) ! » Il y avait pour notre ami grand mérite à se dévouer ainsi ; déjà sa santé se trouvait atteinte. Le docteur Vastel, dès 1867, ne laissait aucun doute sur la nature du mal qui nous l'a ravi. La foi, l'énergie du caractère, le grand désir de vivre et de faire du bien, c'était tout lui-même ; le corps n'était que l'instrument.

L'abbé Morel aimait de toutes les forces de son âme la sainte Eglise et son auguste Chef. Il mérita d'être compté parmi les intrépides défenseurs du Saint-Siège apostolique. Vous souvenez-vous de son amour pour Pie IX ? Ne l'avez-vous pas entendu souvent parler de son admiration pour Léon XIII ? Vous savez bien, n'est-ce pas, qu'il était toujours prêt à glorifier l'Eglise, toujours ardent à combattre pour Elle. Vicaire de Saint-Jean, il nourrit longtemps dans son cœur le désir d'aller à Rome se jeter aux pieds du successeur de Pierre. Il partit, avec un de ses amis,

(1) I Thess. II, 9.

en novembre 1869. Sa santé était meilleure : il avait retrouvé des forces et surtout il était extraordinairement courageux. Il visita l'Italie du nord au sud, et ne perdit rien de toutes les beautés que présentaient, à chaque pas, à ses regards éblouis, la Rome des papes et la Rome païenne; mais s'il avait une âme d'artiste, il était par dessus tout chrétien et prêtre. Personne ne saurait dire l'émotion dont il fut pénétré quand il aperçut ce Vatican où Pie IX, non encore prisonnier, régnait dans la majesté de ses douleurs. Le compagnon de son voyage m'écrit : « Je me souviens qu'en sortant de l'audience du Souve-« rain Pontife, de grosses larmes coulaient de ses yeux « et c'est à peine s'il pouvait exprimer ses sentiments. « C'est que l'abbé Morel était plein de foi et de cœur ; il « avait vu Pierre et son cœur filial débordait. » Il ne trouvait pas que le Ciel fût, nulle part plus qu'à Rome, voisin de la terre ; « montez au Vatican, disait-il, ou des-« cendez aux Catacombes, le Ciel est à portée de votre « main. »

Il rentra à Saint-Jean, très-fatigué, l'âme ravie, et se remit courageusement aux travaux du saint ministère. Le bon Dieu renouvela en quelque sorte sa vie physique; la plaie restait toujours au fond de sa pauvre poitrine, mais elle était, paraissait-il, cicatrisée. Il ne souffrait plus ; il redevenait vigoureux. Il croyait à un rétablissement complet et définitif, et Dieu voulait lui donner seulement quatorze années de vie. Notre ami devait à peine dépasser la vingtième année de son sacerdoce et la quarante-quatrième de son existence.

Nous sommes en 1870. Le Lycée de Caen va perdre son aumônier. Notre éminent et saint évêque a choisi Monsieur l'abbé Germain pour la haute fonction d'archiprêtre de l'Insigne Cathédrale de Bayeux. Le futur évêque de Coutances.... mais est-il besoin d'essayer son éloge ? Nos diocèses de Normandie et la France entière ne connaissent-ils pas Monseigneur Germain ? Où donc n'a pas retenti l'écho de son éloquente et savante parole ?

Et qui prendra au Lycée la place de ce prêtre éminent ?

Monseigneur de Bayeux demanda à Monsieur le curé de Saint-Jean de Caen de lui donner son vicaire. L'abbé Morel se sentit effrayé d'abord ; il accepta cependant et sans résistance, car il se souvint que dans l'obéissance se trouve le secret de toutes les victoires.

Le proviseur, Monsieur l'abbé Desprez, qui jugeait si bien les hommes, accueillit son confrère en sacerdoce avec une cordialité toute paternelle et lui prodigua les encouragements dont il avait tant besoin. Le proviseur et l'aumônier ont vécu plus de dix ans dans une intimité pleine de charmes. Quand la mort les sépara, ce n'était, hélas !

que pour peu de temps. Ils devaient bientôt se retrouver au ciel.

C'est le cœur qui a donné à tout le printemps sacerdotal de Monsieur Morel ses beaux et brillants succès. Avec son talent incontestable d'écrivain et d'orateur, il attirera à lui la jeunesse distinguée qu'il est chargé de former à la vie chrétienne; mais pour s'attacher cette ardente jeunesse, il ne suffit pas d'avoir du talent, il faut avoir du cœur. L'abbé Morel sait aimer, aussi le verrons-nous entouré des plus vives et des plus durables sympathies.

Il aima beaucoup le Lycée lui-même ; il était fier de sa gloire ; personne plus que lui ne se réjouissait quand les élèves rapportaient, des examens académiques ou des grands concours, des diplômes et des couronnes. Il ne manqua jamais une occasion de parler du Lycée avec éloge, et, s'il en fut besoin quelquefois, il prit chaleureusement sa défense.

Il fut l'ami de ses collègues. Si, pour quelques-uns, il dut se contenter de mettre en œuvre la recommandation de l'apôtre « *si fieri potest..... cum hominibus pacem habentes* (1), » ce à quoi il réussit toujours, beaucoup répondirent à ses fraternelles avances et mirent leur main dans sa main. Entr'eux se débattaient les questions les plus

(1) Rom. XII, 18.

graves. Philosophie, théologie, lettres, sciences fournissaient le plus souvent la matière de leurs pacifiques discussions, où la bonne foi la plus entière présidait toujours. Les amitiés se resserraient à chacune de ces controverses, car les combattants y avaient appris à se mutuellement estimer davantage.

Mais c'est, en notre ami, l'aumônier qu'il faut que nous voyions à l'œuvre.

Il gagna tout d'abord par la chaire l'estime des lycéens. La dignité du maintien, la souplesse de l'organe, le ton de conviction profonde ; ces qualités extérieures mises au service de discours savants et brillamment écrits, tout en lui captiva l'attention.

La prédication fut pour l'abbé Morel un grand moyen d'atteindre les âmes : il ne l'ignora pas ; il ne s'en fit pas gloire ; il se crut seulement obligé à ne se ménager jamais. Jusqu'à la dernière année de sa vie il prépara ses sermons du Lycée avec le plus grand soin. Bien souvent il lui arriva de prêcher en de vastes basiliques ; nulle part il ne fut éloquent comme dans sa chapelle, parce que *nulle part*, ainsi qu'il aimait à le dire, *il ne prêcha avec autant d'amour*.

Il prépara aussi très-soigneusement ses cours d'instruction religieuse. Les premières années de son professorat, il le reconnaissait, furent très-laborieuses. Assurément, il eût pu se donner moins de peine, mais il ne fut jamais l'homme du *moins bien* ou de l'*à peu près* ; il fut toujours fidèle au devoir et à tout le devoir. Aux élèves des cours supérieurs il exposa les grandes preuves de notre Religion sainte, appelant leurs observations, réfutant leurs objections, ne reculant devant aucune difficulté, se livrant, quand il le fallait, à des études nouvelles pour effacer les ombres. Je l'ai vu radieux un jour ; il me donna l'explication de cette grande joie qui se peignait sur toute sa belle et si expressive physionomie. Il venait d'éclairer pour quelques jeunes intelligences un point encore obscur de la doctrine catholique ; il leur avait montré Jésus-Christ dans une pleine et éclatante lumière. Tous ceux qui furent ses élèves ne sont peut-être pas restés fidèles au devoir chrétien, mais, pour sûr, tous ont gardé le respect de la religion que leur enseigna le cher aumônier. Un jour viendra peut-être où il suffira de son souvenir pour les ramener à Dieu. Ils le reverront prédicateur éloquent, conférencier disert autant que convaincu ; ils aimeront surtout à le retrouver dans la douce intimité du tête à tête. Ils iront encore frapper à la porte de sa chambre ; sa douce figure leur apparaîtra au milieu des objets qui lui furent chers, son crucifix, sa madone, ses tableaux, ses livres, avec son aimable sourire, sa belle intelligence, son cœur d'ami sûr et de prêtre profondément fidèle. Entrés chez

4

lui, ainsi qu'autrefois, ils y seront chez eux, et aussitôt on parlera de J.-C. Ainsi qu'autrefois, je le leur promets, il y aura là, pour leur parler de J.-C., réfuter leurs vains raisonnements et leur aider à reprendre courage, une âme *placée,* comme dit le Prophète, « *aux confluents des ri-* « *chesses du Seigneur, une âme constamment baignée* « *dans les courants du ciel* (1). »

Et les petits enfants, comme il les aimait! Ces privilégiés du bon Dieu, ces anges de la terre à qui le ciel appartient « *talium est enim regnum cælorum* (2), » par privilège de leur âge, ils sont heureux sans le savoir. L'abbé Morel voulait encore augmenter leur bonheur. Fénelon a dit un jour à ses prêtres : « Soyez pères pour les âmes ; « je vous demande plus que cela, soyez mères. » Le bon Aumônier pensait aux mères absentes ; il essayait de parler leur langage; il leur empruntait leurs délicates attentions. Les mères le savaient bien, et grande était leur reconnaissance. A son école, l'enfant apprenait courageusement son catéchisme; ne fallait-il pas faire plaisir à monsieur l'Aumônier. Et quel beau jour c'était au Lycée que celui de la première communion! Comme toute la maison s'associait de cœur à la joie de cette grande fête, préparée de longue main pour quelques jeunes âmes, par un prêtre tout aimable et ardemment aimé!

(1) Jerem. XXXI, 12.
(2) Matth. XIX, 14.

Le bon Père a encore assisté, cette année, à la fête de ses enfants; il ne l'avait pas préparée. Brisé par un mal impitoyable, chancelant, respirant à peine, la voix presqu'éteinte, il eut le courage, le 20 mai, de descendre à la chapelle. Dans cette poitrine effroyablement déchirée, il y avait son cœur, toujours vivant, toujours aimant. Il voulut parler; c'était presque tenter l'impossible. A peine put-il dire à ses enfants sa joie de les revoir et se recommander à leurs prières. Quand il sortit de sa chère chapelle, il la quittait, hélas! pour toujours.

Une grande joie fut faite un jour à notre bon ami. Au mois de juillet 1876, il reçut des lettres de chanoine honoraire: elles lui venaient de l'ancien directeur de Sommervieu, de l'ancien curé de Saint-Jean, Monseigneur Lecoq, alors évêque de Luçon. Dans « *ce témoignage public d'af-* « *fection,* » il vit « *une réponse à son cœur.* » L'Évêque bien-aimé entendait lui donner surtout un témoignage de son estime. Pour Monseigneur Lecoq, il y avait en Monsieur Morel, plus qu'un tendre et tout dévoué fils, plus même qu'un prêtre distingué, il y avait le prêtre fidèle à tous ses devoirs. J'en ai pour garant non-seulement le titre dont Sa Grandeur voulut bien l'honorer, mais cette lettre:

« Nantes, le 29 novembre 1883.

« Mon cher monsieur le Curé,

« Je ne connais rien dans la vie de Monsieur l'abbé

« Morel, que vous ne connaissiez aussi bien que moi.
« Comme moi, vous savez que ce cher abbé était doué de
« qualités charmantes et brillantes, et que ces dons d'une
« nature exquise ont été certainement mis par lui au ser-
« vice de Dieu et des âmes. Il savait allier, avec un art
« admirable, ou plutôt spontanément, et sans même y
« penser, à l'inflexible fermeté des principes, une sou-
« plesse et une délicatesse de forme qui lui créèrent de
« nombreuses et vives sympathies. Il a fait beaucoup de
« bien partout où il a exercé le saint ministère. On ne l'a
« oublié ni à Lion-sur-Mer, ni à Saint-Jacques de Lisieux,
« ni à Saint-Jean de Caen, mais il a surtout exercé une
« longue et heureuse influence sur les nombreux jeunes
« gens, qui, pendant plus de dix ans, ont pu apprécier la
« bonté de son cœur, la distinction de son esprit, le char-
« me de sa conversation, et, par dessus tout, ces aimables
« et solides vertus qui firent de sa vie une vie sérieuse-
« ment et invariablement sacerdotale.

» Bien affectueusement tout à vous en N. S.

« † Jules, *Évêque de Nantes.* »

C'est un évêque et c'est Monseigneur Lecoq qui nous le dit, la vie de l'abbé Morel fut « *sérieusement et invariablement sacerdotale.* » Ces trois mots suffisent pleinement à sa louange; je voudrais qu'on les gravât en lettres d'or sur la pierre de son tombeau.

Nous avons vu apparaître, il y a déjà quinze ans, ce mal, aussi patient que terrible, qui, au dire de la science, ne pardonne jamais. Depuis quinze ans, l'abbé Morel a toujours plus ou moins souffert; longtemps il a eu le courage de souffrir sans se plaindre, mais l'âme ne peut rester toujours maîtresse de la maison qu'elle habite, et les plus forts sont obligés de plier devant les exigences de l'infirmité corporelle. L'honorable médecin du Lycée, qui devait suivre notre ami de si près dans la tombe, Monsieur le docteur Viger, lui ordonna, il y a quatre ans, un séjour de quelques mois au moins dans le Midi. Quitter le lycée, quel déchirement pour son cœur! Force lui fut de partir. Il se fit tout d'abord pèlerin, visita la Grotte célèbre, mit son voyage sous la protection de Notre-Dame de Lourdes, lui demanda sa guérison et passa en Espagne. La douceur du climat lui rendit quelques forces; il en usa pour étudier le pays et ses monuments, et ne profita pas assez de son temps au point de vue de sa santé. Ses amis lui en ont fait le reproche. Il eût fallu dans son pauvre corps une âme moins vivante, moins ardemment avide de connaître. Il nous revint à peu près rassuré. Notre-Dame de Lourdes allait lui rendre sa bien-aimée couronne de lycéens.

Le cher abbé eût dû plutôt se retirer du saint ministère. Notre Évêque, si compatissant pour ses prêtres, désirait qu'il se décidât à prendre du repos; c'était le moyen de prolonger, au moins un peu, sa vie si précieuse au diocèse. Mais qui eût osé lui parler de repos? L'abbé Morel aurait cessé d'être aumônier du Lycée! Le Lycée, pour lui, c'était la vie. Son retour y fut salué par de joyeuses acclamations ; on l'aima plus que jamais; il aima, lui aussi, plus que jamais, et se remit au travail. Les médecins et les amis intimes, qui reçurent les confidences de son cœur, ont su tout ce qu'il lui fallut alors déployer de courage.

Pendant qu'il achève d'user ses forces au service de sa chère jeunesse, considérons-le, si vous le voulez bien, dans ses rapports avec ses confrères, avec ses compatriotes de Saint-Pierre-la-Vieille, avec ses amis.

Il suffisait qu'on fût prêtre pour être assuré de trouver auprès de lui affectueux accueil, protection, dévouement. Il a mis plus d'une fois au service de ses frères toute l'influence que lui donnaient ses nombreuses et brillantes relations, multipliant les démarches, s'imposant de lointains voyages, sans songer à s'épargner jamais. Y a-t-il un confrère qui lui ait demandé le secours de son ministère, sans que pour répondre à son appel il ait tenté l'impossible ? On compterait les églises, grandes ou petites, de toute la région de Caen, qui n'ont pas entendu sa parole. Il a été par tout le diocèse l'un des plus ardents apôtres des grandes œuvres catholiques. Il a prêché presque jusqu'à la fin : il ne savait pas dire non. Il fallut que vint de Monseigneur à l'Aumônier malade une défense formelle de prendre la parole ailleurs qu'au Lycée.

Demandez aux paroissiens de Saint-Pierre-la-Vieille, si fiers de leur jeune concitoyen, comment il se comportait avec eux dans les trop rares séjours qu'il allait faire au pays natal. Que de chaudes poignées de main! tous ils avaient le droit de l'aborder; avec tous il s'entretenait joyeusement, montrant toujours ce visage ouvert que la sainte Écriture attribue à la sagesse elle-même « *ostendit se hilariter* (1). » Il leur promettait de bon cœur de s'employer pour eux, et il tenait parole. Protecteur de sa paroisse, il a obtenu, pour l'église de son baptême et de sa première communion, de la générosité de personnes riches et pieuses, plusieurs ornements précieux; il lui a donné lui-même, en mourant, ses aubes, étoles, chasubles, et sa magnifique chapelle. Les bonnes religieuses de l'école lui seront à jamais reconnaissantes; elles savent qu'il fut toujours leur fidèle et dévoué défenseur. C'est à l'abbé Morel et à Monsieur de Pontécoulant, qu'est due l'ouverture de la route de Saint-Pierre-la-Vieille à Saint-Vigor, qui relie au reste du monde le *Val-Mérienne*, hameau jusque-là inaccessible. On peut le dire : la mort du cher Aumônier a été un malheur pour sa paroisse natale; il lui voulait tout le bien possible et lui eût rendu de nouveaux et importants services.

(1) Sap. VI, 17.

On pourrait compter par centaines les sincères et sérieuses amitiés qui, après avoir réjoui les meilleures années de sa vie, mirent de grandes douceurs au milieu de ses longues et cruelles souffrances. Il eut quelques amis particulièrement intimes. Avec ceux-là c'était la confiance sans réserve ; c'était une discrétion qui ne fut jamais prise en défaut ; c'était le dévouement poussé au besoin jusqu'au sacrifice; c'était la joie à deux pour un succès; c'était la tristesse mise en commun ; c'étaient deux cœurs devenus un seul cœur. Voilà comment il comprenait l'amitié. Quand il lui arriva de trouver cette correspondance d'une âme avec son âme, il ne manqua jamais de dire au ciel un hymne d'allégresse, car il estimait avoir trouvé un trésor. En retour, il s'était donné lui-même pour ne se reprendre jamais. Sans prétendre faire aucune allusion à certaine réminiscence poétique, je dis, pour l'avoir éprouvé moi-même : l'amitié de l'abbé Morel fut un bienfait de Dieu.

Au quatrième siècle, saint Grégoire de Nazianze prononça l'éloge funèbre de son ami, saint Basile, le grand évêque de Césarée : « si bon et si distingué qu'on soit, « s'écria-t-il au milieu de ses larmes, il faut mourir ! »

Il viendra bientôt, pour notre bien-aimé confrère, ce grand et inexorable jour. Nous l'avons vu depuis vingt ans se tenir tout à côté du Seigneur au sommet de la montagne « *super verticem.* » Ses mains ont toujours été innocentes et son cœur a toujours été pur. « *Quis ascen-* « *det ? Innocens manibus et mundo corde* (1). » Il a bien servi Jésus-Christ et son Eglise. Du haut de son sacerdoce, dont il a été saintement fier, il a contemplé de splendides et vastes horizons ; voilà que le Seigneur l'appelle à gravir les sentiers escarpés d'une montagne nouvelle. Pauvre cher ami, grande sera votre fatigue ! Votre cœur sera déchiré ; quitter pour toujours un père, un frère tendrement aimés, une vie toute pleine de promesses !... Votre corps, sous vos regards clairvoyants, s'en ira pièce à pièce et vous pourrez dire avec le Roi-Prophète « *con-* « *fringuntur ossa mea* (2) », car vraiment vous serez broyé par l'affaiblissement et la souffrance. Mais vous serez à vos dernières heures le bon soldat de Jésus-Christ que nous avons connu toujours. Comme vous aurez été grand et noble dans la vie, vous serez grand et noble devant la mort. Vous donnerez des regrets, hélas ! bien légitimes à tout ce qui vous est cher ici-bas ; quelques grosses larmes, tombant encore de vos yeux agrandis et plus que jamais expressifs, appelleront bien d'autres larmes ; puis, vous ferez généreusement, sacerdotalement, votre sacrifice. Courage ! Voilà que vous arrivez au point culminant de la gloire « *super verticem montis* (3). »

(1) Ps. XXIII, 3.
(2) Ps. XLI, 11.
(3) Exod. XXXIV, 2.

Ainsi en fut-il de notre défunt bien-aimé. Le Lycée le garda longtemps malade, incapable d'aucun travail. Pendant plusieurs mois, le digne successeur de Monsieur l'abbé Desprez lui témoigna une tendresse de frère, le visitant aussi souvent que possible, le consolant, l'encourageant, prévenant ses moindres désirs. Pendant plusieurs mois, les excellentes religieuses du Lycée le soignèrent jour et nuit avec un zèle admirable. Il dut enfin quitter cette maison si chère et se retirer dans sa famille. Il était encore aumônier et il avait un successeur ; « *plures* « *facti sunt sacerdotes eo quod morte prohibentur perma-* « *nere* (1). » Monseigneur l'Evêque, dans sa paternelle tendresse, lui conservait ce titre, en même temps que sa pastorale vigilance donnait au Lycée un prêtre de grand mérite.

Si l'homme pouvait jamais arrêter la mort, s'il lui suffisait pour cela d'environner des soins les plus attentifs et des plus vives sympathies celui qu'elle veut étendre au cercueil, nous n'aurions pas perdu notre ami. Je viens de vous dire les soins et les tendresses dont le Lycée l'entoura ; il trouva à Saint-Pierre-la-Vieille mêmes soins et mêmes tendresses. Quand vous lui avez fait visite aux derniers jours de ses souffrances, vous avez vu près de lui une femme en deuil, qui le soignait avec une sollicitude de mère. Cette dame n'avait qu'un fils ; l'abbé Morel

(1) Heb. VII, 23.

le prépara à mourir il n'y a pas encore deux ans et l'a assisté jusque dans sa dernière agonie. Elle prenait le voile des veuves il y a cinq mois ; son époux, avant de mourir, était redevenu chrétien et l'abbé Morel avait été l'ouvrier de ce retour bienheureux et si nécessaire. La pauvre femme apprend que le bienfaiteur de ses morts chéris va bientôt lui-même s'en aller à Dieu. Elle part, vient s'établir au milieu de la famille éplorée et lui demande la permission de pleurer avec elle et de partager ses labeurs. Un ami m'a écrit : « Pendant trente jours, « cette digne veuve a soigné le cher malade comme une « sœur de charité. Dieu l'a placée sur la route de sa dou- « leur ; il l'a faite un instrument de sa divine bonté. Elle « est entrée dans le cœur du mourant avec mille pré- « cautions pour le préparer au combat suprême ; elle l'a « écouté beaucoup ; elle s'est identifiée avec ses souf- « frances. Le cher abbé a reçu en mourant une grande « consolation, fruit de son zèle si éclairé, si sage, si gé- « néreux. » Honneur à vous, femme chrétienne ! Dieu vous rendra au centuple le bien que vous avez fait à son prêtre ; comptez sur ses miséricordes pour vos morts ; vous avez mérité de les revoir au Ciel.

Il n'était pas un jour où des amis, prêtres ou laïques, ne vinssent, de bien loin quelquefois, visiter le pauvre malade. Monsieur l'abbé Jules Hugonin, secrétaire-général de l'évêché de Bayeux, Monsieur l'abbé Heurtin, secrétaire-général de l'évêché de Nantes, deux intimes, voulurent le voir encore une fois, l'embrasser, lui dire l'estime et les souhaits de leurs évêques vénérés. Ils se retirèrent en larmes, « *dolentes maximè.... quoniam ampliùs « faciem ejus non essent visuri* (1). » Monsieur le Curé-doyen de Saint-Sauveur de Condé-sur-Noireau le visita souvent; de sa parole doucement persuasive, il entr'ouvrit le voile au travers duquel le malade avait vu passer seulement de vacillantes et incertaines lueurs. L'abbé Morel se trouva en face de la mort et il n'eut pas peur.

Pourquoi voudrait-on qu'il eût peur, celui qui, comme le dit le pape saint Grégoire, est sûr de sa foi et de ses œuvres « *qui de suâ spe et operatione securus est* (2) », Le Seigneur venait à lui; sans plus se retourner, il alla droit au Seigneur « *lætus judicem sustinet* (3). » « *Ayez « la bonté,* dit-il simplement au vénérable doyen, *de prier « mon curé de venir sans retard; je lui dois ma pre- « mière communion; je désire recevoir de sa main la « dernière de mes communions.* » Toute sa vie de foi et de cœur ne se trouve-t-elle pas renfermée dans ces quelques paroles. Il n'était pas déshabitué de la sainte Table; Monseigneur l'Evêque lui avait obtenu de Rome la permission de dresser dans sa propre maison l'autel de l'ado-

(1) Act. xx, 37, 38.
(2) Homilia 13 in Evang.
(3) Ibid.

rable sacrifice, et le bon prêtre avait célébré la sainte Messe aussi longtemps que ses forces le lui avaient permis. Monsieur le curé ne se fit pas attendre; il reçut ses intimes confidences et, bientôt après, lui apporta Notre Seigneur Jésus-Christ. Extraordinairement fortifié par la divine Eucharistie, le malade présenta de lui-même ses membres pour les onctions suprêmes, puis il se laissa mourir, confiant en la miséricorde de Dieu.

Ce fut le dimanche 28 octobre, que Dieu appela à lui son fidèle serviteur. L'âme de notre ami s'en alla doucement au Ciel où maintenant elle se repose, j'en ai la douce confiance, auprès de Jésus-Christ : « *stabisque mecum su-* « *per verticem montis* (1). »

Les funérailles durent être remises au samedi 3 novembre. La solennité de la Toussaint eût retenu un trop grand nombre d'amis. Le corps du cher défunt resta cinq jours intact, absolument respecté par la mort ; sa bonne et douce physionomie sembla sourire à ceux qui le mirent au cercueil. L'âme, en quittant ce corps, lui avait communiqué sa dernière pensée : elle lui avait dit : « *usquè ad* « *interiora velaminis* (2).... *volabo et requiescam* (3) » ; c'est là que nous nous retrouverons un jour.

(1) Exod. XXXIV. 2.
(2) Heb. VI, 19.
(3) Ps. LIV. 7.

L'heure des obsèques était venue et déjà la cloche de la paroisse tintait le glas funèbre. Il fallut bien fermer ce cercueil; des mains pieuses le couvrirent d'un grand drap noir traversé de la croix, du blanc surplis, de l'étole, de ces insignes de chanoine de Luçon, reçus avec tant de joie aux jours où la vie souriait encore, aimés jusqu'à la fin; elles l'environnèrent de fleurs et de lumières, et les amis vinrent en foule s'agenouiller et prier.

La levée du corps fut faite et la Messe fut célébrée par Monsieur le secrétaire-général de Bayeux. Chargé de représenter Sa Grandeur en cette triste cérémonie, Monsieur l'abbé Jules Hugonin tenait beaucoup à ce que personne n'ignorât qu'il était venu payer pour son propre compte la dette de l'amitié. De presque cent lieues, était arrivé la veille Monsieur l'abbé Heurtin, secrétaire-général de Nantes, l'ami du vicariat de Saint-Jean, du grand voyage de Rome et de tous les jours de la vie. Il représentait le *Père bien-aimé*, Monseigneur Lecoq. Monsieur le doyen du canton assistait Monsieur le secrétaire-général de Bayeux, et trente prêtres, venus de Caen et des cantons de Condé et de Harcourt, formaient au prêtre défunt une belle et glorieuse couronne.

Les coins du poële étaient tenus par Monsieur le Proviseur du Lycée; Monsieur le comte de Pontécoulant, conseiller général; Monsieur Gasté, professeur à la Faculté des Letttres ; Monsieur Turbout, pour les pères de toute la jeunesse que dirigea le cher défunt ; Monsieur Ernest Heurtin, secrétaire-général, chanoine de Nantes et de Luçon ; Monsieur Edouard Heurtin, curé-doyen de Saint-Pierre-sur-Dives, chanoine honoraire de Luçon ; Monsieur Guillouet, curé-doyen de Thury-Harcourt ; et Monsieur Gautier, le vénérable curé de Saint-Germain-du-Crioult, pour le clergé du canton de Condé.

Monsieur Désiré Morel, frère du défunt, et son fils conduisirent le deuil. Ils étaient accompagnés de Monsieur le curé de Saint-Pierre-la-Vieille; Monsieur l'abbé Lepleux; le Révérend Père Lemonnier, supérieur du séminaire de Villiers ; le Révérend Père Leboucher, directeur à l'institution Sainte-Marie ; Messieurs les professeurs du Lycée ; ceux de Messieurs les ecclésiastiques qui étaient pour l'abbé Morel confrères d'ordination. Les élèves du Lycée, internes et externes, délégués au nombre de huit par leurs condisciples, portaient deux immenses et magnifiques couronnes sur lesquelles on lisait ces mots : *Les élèves du Lycée à leur cher aumônier*. Les parents, les amis, les paroissiens de Saint-Pierre-la-Vieille suivaient en très-grand nombre. Je veux copier ici quelques lignes de l'excellent *Moniteur du Calvados :*

« *Pour les habitants de Saint-Pierre-la-Vieille, il n'est*
« *pas exagéré de dire qu'ils étaient tous dans le triste*

« *cortège. L'enceinte de l'église était littéralement trop* « *étroite pour les contenir, touchante manifestation de* « *leur attachement pour celui qui avait été la gloire de* « *leur village, le bienfaiteur d'un grand nombre d'entre* « *eux et l'ami de tous.* »

La messe des morts fut chantée au milieu d'une grande émotion et, avant l'absoute, Monsieur le curé-doyen de Condé monta en chaire. Il prit pour texte ces paroles du second livre des Macchabées : « *Hic est fratrum amator* « *et populi.* » Mais quel compte pourrais-je rendre de son discours, après que je m'en suis inspiré dès le commencement de ce funèbre récit et presque à chacune de mes pages? Tout en pleurant beaucoup, je l'écoutai beaucoup; il me dicta une bonne partie de l'éloge que je viens d'écrire. Il parla comme il fallait qu'on parlât aux funérailles d'un prêtre distingué et d'un homme de cœur. Homme de cœur, lui aussi, le vénéré doyen de Condé a reçu du Ciel la distinction du langage, une délicatesse exquise de sentiment, une foi et un courage invincibles, toutes qualités avec lesquelles l'orateur s'impose aux plus brillants auditoires, aussi bien qu'il réussit à instruire les plus humbles d'entre les chrétiens et à leur faire aimer notre sainte Religion.

Quand l'Eglise eut chanté son solennel et émouvant *Libera,* son ravissant *In paradisum,* le cortège se dirigea vers la fosse béante au fond de laquelle disparut bientôt tout ce qui nous restait de notre ami. Monsieur le Proviseur du Lycée prit la parole après qu'eurent été récitées les dernières prières. Parlant en son nom comme au nom du grand établissement dont il est le chef, il fit grand honneur à la mémoire de l'abbé Morel; il se fit aussi grand honneur à lui-même et à ce Lycée, si juste appréciateur du vrai mérite, qui suit ses aumôniers de son amour fidèle, qu'ils montent au faîte des honneurs que décerne l'Eglise ou qu'ils descendent dans la tombe. J'ai parlé en une autre page du discours que prononça l'honorable Monsieur Gasté.

Une souscription avait été ouverte entre les élèves du Lycée pour l'achat des deux couronnes qui devaient être déposées sur la tombe du cher aumônier. Tous frais payés, une somme importante était restée libre. Monsieur le Proviseur la remit à Monsieur le Curé de Saint-Pierre-la-Vieille : « Veuillez, lui dit-il, recevoir ces cent-soixante-« dix francs; vous direz des messes et vous ferez l'au-« mône pour le repos de l'âme de notre ami. » Ce fait n'a besoin d'aucun commentaire; il est, à lui seul, d'une magnifique éloquence.

J'ai fini; mais voilà que notre défunt si regretté prend à son tour la parole. Quand il était au milieu de nous, nous tenions grand compte de ses exhortations et de ses conseils; puisse-t-il, tout mort qu'il est, exercer encore sur nos âmes sa bonne influence d'autrefois. Il nous aime plus que jamais et veut nous faire entendre le grave enseignement qui fut celui de toute sa pieuse et sacerdotale vie. Écoutons :

Là-haut, je suis en possession de tous les secrets de Dieu, du temps, de l'éternité ; il n'y a, je le sais, je le vois, que la gloire du Ciel qui vaille la peine qu'on la recherche. C'est le tout de l'homme et l'unique sagesse. La plus grande des distinctions de ce monde ne vaut pas un *Ave Maria* bien récité, ou un verre d'eau servi à un pauvre pour l'amour de Dieu.

Ed. HEURTIN,
Curé-Doyen de Saint-Pierre-sur-Dives,
Chanoine honoraire de Luçon.

28 novembre 1883.

Les amis de Monsieur l'abbé Morel seront heureux de trouver ici les discours prononcés sur sa tombe par Monsieur le Proviseur du Lycée et par Monsieur Gasté.

Discours de Monsieur le Proviseur.

« Au moment de nous séparer à jamais de l'abbé Morel, qu'il me soit permis de lui adresser un suprême et douloureux adieu ! N'a-t-il pas, comme aumônier du Lycée de Caen, consacré à cette mission toutes les forces de sa vie, toutes les énergies de son âme, toutes les tendresses de son cœur ?

« Autour de cette tombe qui va se fermer, comme si l'âge du défunt ne semblait pas lui réserver encore de nombreuses années pour faire le bien, les larmes de ceux dont il s'était fait le père ou l'ami, vous disent éloquemment combien il fut bon.

« J'ai connu trop peu de temps celui que nous pleurons aujourd'hui pour vouloir retracer son passé, mais ce temps m'a suffi pour apprécier les brillantes qualités qui lui valurent de si hautes et si brillantes amitiés. M. l'abbé Morel avait, en effet, en lui tous les dons qui font le prêtre accompli : à une intelligence nette et vive, il joignait un profond savoir ; il disposait par dessus tout de l'éloquence du cœur ; il se distinguait enfin par l'aménité d'un caractère plein de douceur et d'énergie, qualités dont l'union fait les âmes d'élite.

« Lorsque je suis venu prendre la direction du Lycée de Caen, j'ai trouvé ce prêtre aimé, respecté de tous. Son influence, chaude et bienfaisante, s'exerçait sans effort sur les jeunes âmes dont il avait la garde. Il y avait correspondance complète entre le maître spirituel et ses élèves, dont la confiance se sentait tous les jours accrue par l'exemple de camarades aînés, qui, bien que déjà sortis du collège, venaient encore rechercher les conseils de leur cher aumônier. Tel était, en effet, l'attachement qu'il inspirait, que ceux qui l'avaient connu, enfants, ne pouvaient plus l'oublier.

« C'est ainsi qu'en agrandissant de jour en jour sa mission, l'abbé Morel s'épuisait en dévouement. Et il souffrait déjà des atteintes du mal qui devait sitôt l'emporter.

« Une première fois ses forces défaillirent. Obligé de subir un repos provisoire, il alla, dans la solitude et sous un climat lointain, recouvrer une apparence de santé qui lui permit de reprendre son ministère. Mais, hélas ! en revenant, c'était sa vie même qu'il nous apportait !

« Après trois ans de fatigues nouvelles, de bonheur

complet, disait-il, goûté au milieu de cette jeunesse qu'il aimait tant, l'abbé Morel s'alita pour ne plus se relever. Si des soins empressés ne purent avoir raison de la maladie, ils adoucirent du moins ses souffrances; nous le vîmes alors s'attacher de plus en plus à ce Lycée, dont il ne voulait se séparer qu'à la mort. Il n'a pu revoir ses chers élèves, mais il ne les a point pour cela oubliés; jusqu'à son dernier jour, sa pensée est restée avec eux; mourant, il s'inquiétait de notre maison et de ceux qu'il y avait laissés.

« Les souffrances, toujours supportées avec courage, ont été longues; mais la fin a été sereine. Monsieur l'abbé Morel est mort entouré des siens, soutenu par le souvenir de ses vertus et par de consolantes espérances.

« Bien regretté aumônier, votre souvenir restera toujours parmi nous. Nous honorerons votre mémoire en nous efforçant, comme vous, de pratiquer jusqu'au terme de notre carrière, l'amour du sacrifice.

« Il est un sentiment qui devait s'affermir en ce jour, celui de la reconnaissance. Nous sommes venus, fonctionnaires, parents et élèves, acquitter cette dette sacrée: en apportant un suprême adieu à l'abbé Morel, nous déposerons sur sa tombe, comme un témoignage public rendu à sa mémoire, ces couronnes et le pieux tribut de notre gratitude. »

Discours de Monsieur GASTÉ.

« Après les paroles émues que vous venez d'entendre, après ces éloges touchants qui honorent également celui à qui ils s'adressent et celui qui les décerne avec l'autorité qui s'attache à ses hautes fonctions, ma tâche est devenue bien difficile. Aussi, je ne dirai qu'un mot d'adieu à l'ancien collègue, à l'ami que j'ai perdu.

« Partis du même point, nous étions arrivés par des chemins différents au même but, et c'était avec bonheur que nous nous étions retrouvés dans ce beau Lycée de Caen, remplissant une même tâche, répandant de notre mieux dans le cœur et l'esprit de nos chers élèves, les saintes notions du beau et du vrai.

« Pauvre ami ! on vient de dire avec quelle ardeur, avec quel dévouement tu t'acquittais de tes nobles fonctions ! Comme tu savais aussi, suivant en cela la tradition de tes maîtres vénérés, des Basile, des Augustin, des Bossuet et des Fénelon, allier l'amour des lettres profanes à l'amour des lettres sacrées, afin de mieux charmer et de mieux pénétrer les intelligences d'élite auxquelles s'adressait ta parole chaude et vibrante.

« Rien de ce qui est humain ne te fut étranger. Ton esprit, sans cesse en éveil, ne négligeait aucune des graves questions qui préoccupaient les esprits soucieux de la grandeur intellectuelle et morale de notre cher pays. Nous, tes amis, nous jouissions dans l'intimité de la verve étincelante qui donnait comme un lumineux vêtement à tes idées larges et généreuses.

« Pourquoi faut-il qu'une maladie cruelle ait sitôt ruiné les hautes espérances que tu donnais à ceux qui savaient apprécier tes qualités brillantes et solides ! Dieu l'a voulu ainsi ; inclinons-nous en silence ! Mais quelle tristesse est la nôtre, de voir cette destinée, qui s'annonçait si bien, prématurément interrompue ! Quelle immense douleur pour ton pauvre père, qui, contre les lois de la nature, s'est vu obligé de te fermer les yeux, ô mon ami, et que l'âge seul empêche de te conduire à ta dernière demeure ! Qu'il sache bien, du moins, si une pareille douleur peut recevoir quelque consolation humaine, que tu n'es pas mort tout entier pour nous, et que ton souvenir restera toujours vivant dans nos cœurs désolés de ta perte ! »

www.ingramcontent.com/pod-product-compliance
Ingram Content Group UK Ltd.
Pitfield, Milton Keynes, MK11 3LW, UK
UKHW012112240726
13965UKWH00004B/1710